Collection K[illegible] [Edouard Kann]

TABLEAUX

PAR

Antoine Watteau

Boucher, Téniers

MAGNIFIQUES TAPISSERIES

OBJETS D'ART & D'AMEUBLEMENT

du XVIIIe Siècle

IMPRIMERIE ARTISTIQUE

E. MÉNARD & Cie

Bureaux et Ateliers: Paris — 8, Rue Milton

CATALOGUE

DES

TABLEAUX

PAR

ANTOINE WATTEAU

BOUCHER — GOYA — GUSTAVE MOREAU — TENIERS

Deux dessins de REMBRANDT

SUITE DE MAGNIFIQUES TAPISSERIES

d'après DAVID TÉNIERS et Van der MEULEN

Superbe Écran de Beauvais d'après Antoine Watteau

et autre d'après TÉNIERS

MOBILIER DE SALON AVEC TENTURES LOUIS XIV

Consoles en marbre et en bois sculpté

Cheminée en broderie de la Renaissance — Crédence du XVIe Siècle

ANCIENNES PORCELAINES DE SAXE ET DE CHINE

Important lustre & torchères en cristal de roche & améthystes

Grand Cartel Louis XV — Éléphants en vieux cloisonné

Formant la Collection K... Edouard Kahn

ET DONT LA VENTE AURA LIEU

HOTEL DROUOT, SALLES Nos 7 et 8

Le Samedi 8 Juin 1895, à 2 heures et demie

Par le ministère de **Me G. DUCHESNE** Commissaire-Priseur

6, Rue de Hanovre, 6

ASSISTÉ :

Pour les Tableaux :

DE

M. HENRI HARO

Peintre-Expert

14, rue Visconti ; 20, rue Bonaparte

Pour les Objets d'Art :

DE

M. A. BLOCHE

Expert près la Cour d'appel

28, rue Châteaudun, 28

EXPOSITIONS

PARTICULIÈRE

Jeudi 6 Juin 1895

DE 1 H. 1/2 A 5 H. 1/2

PUBLIQUE

Vendredi 7 Juin 1895

DE 1 H. 1/2 A 5 H. 1/2

NOTA : Entrée particulière par la rue Grange-Batelière

Le Catalogue se trouve à

Paris......... Chez Me G. DUCHESNE, *Commissaire-priseur, 6, rue de Hanovre.*

— Chez M. HENRI HARO, *Peintre-Expert, 14, rue Visconti, et 20, rue Bonaparte.*

— Chez M. A. BLOCHE, *Expert près la Cour d'Appel, 28, rue de Châteaudun.*

Londres....... Chez M. DAVIS, *147, New Bond Street.*

Berlin........ Chez M. GUSTAVE LEWY, *57-58, Wilhelmstrasse.*

Francfort..... Chez MM. GOLDSCHMIDT, *Rossmarkt.*

Rome......... Chez M. PIATELLI, *34, via Funari.*

CONDITIONS DE LA VENTE

Elle sera faite au comptant.

Les Acquéreurs paieront CINQ POUR CENT en sus des enchères.

Aucune réclamation ne sera admise une fois l'adjudication prononcée.

Paris. — Imp. artistique E. Ménard & Cie, 8, rue Milton

TABLEAUX

DESSINS

DÉSIGNATION

BOUCHER (François)

né à Paris en 1703; mort en 1770

1 — *Portrait de Louis XV.*

Assis sur un banc de pierre, accoudé sur le socle d'une statue du dieu Pan, le jeune roi est vêtu d'un coquet costume de pèlerin : habit de soie rose, gilet blanc et culotte jaune ; pèlerine bleue avec coquille et cœur enflammé ; il porte en sautoir le grand cordon et la croix du Saint-Esprit. De la main gauche il tient une gourde, et de la droite une houlette enrubannée ; près de lui est posé un feutre gris à plumes.

Dans le fond un groupe de jeunes dames, guidées par un gentilhomme, se promène dans la campagne.

Gracieux et charmant tableau de la première manière du maître.

Gravé par A. Mongin.
Collection Jules Burat.
N° 5 de la deuxième exposition des cent chefs-d'œuvre.

Toile. H. 0^{m}59 ; L. 0^{m}50.

GOYA Y LUCIENTÈS (François)

né en 1746 ; mort en 1828

2 — *Course de taureau.*

Belle esquisse.

Toile. H. $0^{m}73$; L. $1^{m}10$.

MOREAU (Gustave)

3 — *Sapho.*

La muse de Lesbos, assise au sommet d'un rocher, a déposé près d'elle sa lyre ; elle semble en proie à un violent désespoir et regarde avec terreur l'abîme qui va devenir son tombeau.

Signé à gauche.

Bois. H. $0^{m}32$. L. $0^{m}20$.

PORTE (Roland de la)

4 — *Nature morte.*

Sur un banc de pierre on voit une buire, un plat, des vases, une draperie rouge frangée d'or, des coquillages, une épée et un coffret entr'ouvert contenant des colliers de perles et une chaîne d'or.

A gauche, fond de paysage.

Toile. H. $1^{m}02$. L. $1^{m}28$

PORTE (Roland de la)

5 — *Pendant du précédent.*

Au pied d'une colonne, sur un banc de pierre recouvert d'une draperie verte frangée d'or et d'argent, sont posés un livre entr'ouvert, des fleurs, coquillages, coffret, buire et aiguière.

Fond de paysage.

Toile. H. $1^{m}02$. L. $1^{m}28$.

REMBRANDT

6 — *Entrevue de Jacob et d'Abraham.*

Dessin à la plume provenant des collections Behn et Furby.

7 — *Abraham renvoie Agar.*

Dessin à la plume provenant des collections Firmin-Didot ; et Desperet-Hulot.

TÉNIERS (David le jeune)

8 — *Le Cabaret.*

De nombreux villageois sont réunis devant une maison rustique : les uns boivent à l'abri sous un toit de chaume, les autres fument assis autour d'une table en bois. Un des convives la pipe à la bouche, tenant un broc de la main droite, s'approche du groupe des fumeurs : la maitresse du cabaret, sur la porte de sa maison, surveille les consommateurs. Au second plan, quelques buveurs s'éloignent : dans le fond des arbres et le clocher d'une église se détachent sur un ciel légèrement nuageux.

Signé à gauche.
Collection Oudry.
Vente Lissingen.

Bois. H. $0^{m}26$; L. $0^{m}35$.

WATTEAU (JEAN-ANTOINE)

né à Valenciennes en 1684; mort à Nogent-sur-Marne en 1721

9 — *L'Ile enchantée.*

41.000

Au premier plan, à droite, un cavalier et une dame se promènent. Sur la gauche huit autres cavaliers et sept dames assis à terre devisent gaiement d'amour. Un couple est debout dans le coin à gauche.

A droite et à gauche de grands arbres bordent un lac, derrière lequel se déroule une chaîne de montagnes.

Ce tableau, l'un des plus fameux de Watteau, a fait partie des collections de M. Cartaud, de sir Joshua Reynolds, de M. Holworthy, de M. John Wilson, de M. A. Febvre et de M. de Beurnonville.

Gravé par J. P. Lebas et gravé à l'eau-forte par G. Greux.

Toile. H. 0m46; L. 0m56.

WATTEAU (Jean-Antoine)

né à Valenciennes en 1684; mort à Nogent-sur-Marne en 1721

10 — *La Conversation.*

10.000 Dans un parc, une jeune femme vêtue de rose cause avec un jeune cavalier qui paraît être Watteau. A droite, un gentilhomme, probablement M. de Julienne, converse avec une dame pendant que deux autres couples devisent entre eux.

Sur la gauche, un domestique passe des rafraîchissements à un nègre qui les place sur un plateau et s'apprête à les offrir à la compagnie.

Dans le Catalogue raisonné de l'œuvre peint, dessiné et gravé d'Antoine Watteau, par Edmond de Goncourt, *voici la description qui est faite de cette composition :*

« *La composition de* la Conversation, *avec son ab-*
« *sence de convention poétique, ses costumes du temps,*
« *son accent de réalité contemporaine, est incontes-*
« *tablement une représentation de la société de*
« *M. Julienne. On devine le membre honoraire de*
« *l'Académie de peinture dans le causeur à la grande*
« *perruque assis à droite. Watteau, le même Watteau,*
« *longuet et maigriot qu'on voit dans le* Naufrage, *est*
« *très reconnaissable dans le personnage debout au*
« *milieu de la composition. Et la ressemblance de*
« *M. de Julienne et de Watteau était encore plus*
« *frappante dans la sanguine d'une vente, faite par*
« *Vignerès, il y a une dizaine d'années : sanguine*
« *qui était l'étude un peu agrandie des deux figures*
« *de ce tableau. Une étude de la tête du nègre qui*
« *porte des rafraîchissements dans la conversation,*
« *étude d'un format plus grand que les dessins habi-*
« *tuels de Watteau, est au British Muséum.* »

Toile. H. 0m50; L. 0m60.

WATTEAU (JEAN-ANTOINE)

4.500 né à Valenciennes en 1684; mort à Nogent-sur-Marne en 1721.

et

PATER (JEAN-BAPTISTE)

né à Valenciennes en 1696; mort à Paris en 1736

(?)

11 — *La danse.*

Dans un parc, deux jeunes gens se livrent aux plaisirs de la danse. Tout autour, assis à terre ou debout, de nombreux personnages regardent et admirent le couple de danseurs. A droite, deux musiciens, dont l'un joue de la flûte et l'autre de la viole, les accompagnent. Devant eux, un chien couché auprès d'une corbeille de fleurs; près de lui un manteau et un bâton sont posés à terre.

Au fond à gauche on aperçoit la ville, derrière laquelle se silhouettent des montagnes.

De nombreuses figures telles que les danseurs, l'homme couché au premier plan au milieu, et les trois personnes de gauche rappellent la touche nerveuse et colorée de Watteau.

Toile. H. 0m70; L. 0m90.

Total = 83.500 f

TAPISSERIES

TAPISSERIES

12 — Suite de quatre magnifiques tapisseries à scènes champêtres, d'après les cartons de DAVID TÉNIERS, compositions de nombreux personnages, époque Louis XIV, avec bordures simulant des encadrements.

La première représente : *La Kermesse.*

Dans la cour d'une auberge, femmes et hommes sont à table, buvant et chantant. Deux couples dansent au son de la vielle. Le ménétrier est juché sur un tonneau, des enfants jouent avec des fruits et à gauche une paysanne porte secours à un buveur assis sur un baquet, au fond une servante tient la porte entr'ouverte. Un paysage souriant s'étend en perspective.

Haut. 3m. Larg. 4m25

13 — La deuxième représente : *La Diseuse de bonne aventure.*

C'est un paysan qui la consulte et se fait lire dans la main. Un gamin pendant ce temps lui dérobe sa bourse. La bohémienne est accompagnée d'enfants dont un est enveloppé dans sa robe. Au bord d'une rivière coulant en cascade, une femme et des enfants sont assis. L'un d'eux se désaltère à pleine coupe. Au fond, dans la campagne des personnages : un paysan, la hotte sur le dos, traverse un pont.

Haut. 3m. Larg. 2m55.

14 — La troisième représente : *La mort du Cochon.*

La bête est tenue pattes liées. L'écorcheur se prépare à l'opération. Une paysanne, près d'un groupe d'hommes et de femmes qui regardent la scène, approche une poële pour recueillir le premier sang ; au fond s'étend un paysage avec vue de moulins et de canaux animés de patineurs.

Haut. 3m. Larg. 2m60

15 — La quatrième représente : *Les plaisirs champêtres.*

Au premier plan, buveurs et fumeurs sont attablés. Plus loin des paysans sont assis, regardant des tireurs à l'arc. Paysage accidenté en perspective.

Haut. 3m. Larg. 1m80

16 — Deux jolis panneaux de tapisserie de l'époque Louis XIV, sujets inspirés des cartons de David Téniers.

La première représente des chasseurs se reposant après la chasse dans la cour d'une auberge. Ils sont attablés fumant la pipe pendant qu'un valet garde les chiens.

Haut. 2m85. Larg. 1m20

17 — La deuxième représente : *Les préparatifs du festin de Noël.*

Un porc amené lié devant l'auberge va être égorgé vif, femmes et enfants regardent la scène : sur la route passe un chariot chargé de fagots, attelé à deux chevaux conduits par un paysan.

Haut. 2m80. Larg. 1m30

18 — Très belle tapisserie de l'époque Louis XIV d'après Van der Meulen, représentant une chevauchée de gentilshommes lancés au galop à travers un paysage boisé et accidenté. Sur une route passe une paysanne portant un panier sur la tête et conduisant un enfant par la main.

Riche bordure offrant d'élégants motifs de rinceaux et de feuillages entremêlés de bouquets de fleurs.

Haut. 3m95. Larg. 2m60

19 — Très bel écran en ancienne tapisserie de Beauvais du XVIIIe siècle offrant au milieu d'un cartel architectural, une charmante composition : *Le Dénicheur de moineaux*, d'après ANTOINE WATTEAU. En haut se dessine une draperie à laquelle est suspendu un oiseau. En bas du cartel forme console, des rinceaux et des trophées d'attributs champêtres, au milieu une chèvre et un mouton avec une corbeille retenue par un nœud de rubans ; contre-fond jaune paille dorée, encadrement à ornements, coquilles et gerbes sur fond rouge. Joli bois sculpté et doré, dessin à rocailles fleuries. 4000

Cet écran avec une variante dans la console et ses motifs du bas rappelle la gravure de François Boucher d'après l'arabesque peinte par Antoine Watteau que G. Dargenty reproduit dans son intéressant ouvrage sur Antoine Watteau. Page 121.

20 — Joli écran en ancienne tapisserie du XVIIIe siècle à sujets d'après DAVID TÉNIERS, représentant *Le Retour de la moisson*. Paysans et paysanne accompagnent en dansant et en chantant un personnage assis sur un âne et qui joue de la petite flûte. Bois sculpté à bouquets de roses et feuillages. Époque Louis XV. 1650

21 — Deux grands et beaux fauteuils à hauts dossiers en noyer sculpté recouverts en tapisserie Louis XIV offrant des volatiles dans des paysages, encadrement à cartels, rocailles et bouquets de fleurs.

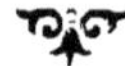

OBJETS D'ART

ET D'AMEUBLEMENT

PORCELAINE DE SAXE

Cristaux de Roche

OBJETS D'ART ET D'AMEUBLEMENT

Porcelaine de Saxe — Cristaux de Roche

22 — Ameublement de salon style Louis XIV, composé d'un canapé et quatre fauteuils en noyer sculpté, recouverts de velours dit de Gênes, dessin à bouquets de fleurs, festons et ramages ton sur ton grenat.

23 — Décor de grande baie composé de deux larges pentes et un bandeau en même velours grenat dit de Gênes et deux rideaux dont un très large relevant à l'italienne en damas de soie et velours, garnis de franges assorties et accompagnés d'embrasses et cordelières.

24 — Deux décors de portes composés chacun d'une portière en damas de soie et d'une autre en damas et velours dit de Gênes, fond grenat dessin ton sur ton, avec un large bandeau de même velours, le tout garni de franges et accompagné de cordelières assorties.

25 — Cheminée avec bandeau et montants en très belle broderie d'or, d'argent et de soie de la Renaissance, dessin à ornements et rinceaux entrelacés sur fond de velours rouge, bordée de galons, garnie de franges.

26 — Deux torchères supports en bois sculpté et doré modèle aux dauphins, style Louis XIV.

27 — Crédence à pans coupés ouvrant à deux portes en bois sculpté offrant des bustes de femmes et d'hommes en haut-relief et des ornements raphaëlesques. Les montants à dessins délicats sont surmontés de chapiteaux. Le panneau en retrait du bas est divisé en quatre compartiments. École lyonnaise du XVIᵉ siècle.

28-29 — Deux consoles en marbre brèche Louis XIV offrant en bas-relief des chutes de feuillages, soubassement cannelé. Le dessus à forte moulure et doucine cintrée.

30 — Console en bois sculpté supportée par un groupe d'enfants prenant leurs ébats au milieu de grands ornements.

31 — Grande bibliothèque en noyer sculpté d'aspect architectural, style Renaissance. Elle ouvre à cinq portes séparées par des colonnettes, et, dans le bas, est décorée de rosaces feuillagées très en ressaut. La frise du haut est ornée de mascarons têtes de dieux pans.

32 — Important lustre à vingt-quatre lumières forme Louis XVI en bronze ciselé et doré à rinceaux feuillagés, très richement garni de pyramides, de plaquettes, de fleurs, de grappes de raisin, de poires avec chaînes à chatons, enfilage et grosse poire pendeloque centrale en ancien cristal de roche. (Disposé pour l'électricité.)

33 — Deux très belles torchères à neuf lumières richement garnies de pendeloques, poires, plaquettes et grappes de raisin en ancien cristal de roche et améthystes, monture bronze poli, style XVIIIe siècle.

34 — Très joli lustre en ancienne porcelaine de Saxe et bronze partie verdi forme bosquet fleuri avec figurine de paysan assis au milieu et oiseaux apparaissant sous chaque arcade du bosquet; six lumières se détachent autour au milieu de branchages et de fleurs. Le dessous forme dôme renversé, est décoré de cartels à rehauts d'or, fond gaufré, de jetées de fleurs et d'un motif : citron coupé et feuillages en haut relief au centre. (Disposé pour l'électricité).

35 — Paire de très jolies appliques à deux lumières en bronze doré forme branchages ornés de fleurs et de figurines en vieux Saxe. (Disposées pour l'électricité).

36 — Grande et belle statuette en ancienne porcelaine de Saxe représentant *un Siamois* chantant et s'accompagnant de sa guitare. *Qualité rare.*

37 — Deux bustes d'enfants en ancienne porcelaine de Saxe, coiffés de bonnets ornés de bouquets de fleurs, costumes coquettement drapés, décor à rehauts d'or, posant sur socles en vieux Saxe forme trépieds à rocailles et fleurs en relief. *Très belle qualité.*

38 — Groupe de deux personnages, scène de la comédie italienne : *La Déclaration*, en ancienne porcelaine de Saxe, décor relevé d'or.

39 — Quatre belles statuettes en ancienne porcelaine de Saxe : allégories *Aux Saisons*, terrassements rocailles à rehauts d'or.

40 — Groupe en ancienne porcelaine de Saxe : *Berger et Bergère* avec mouton au milieu d'un bosquet à rocailles et deux figurines, Arlequin et Colombine aux extrémités, sur terrassement en bronze doré Louis XV.

41 — Brûle-parfums en ancienne porcelaine de Saxe forme rocaille décor à fleurs relevé d'or, couvercle avec corbeille de fruits. De chaque côté un groupe représentant l'un une femme assise sur un lion, et l'autre, une femme jouant avec un chien, abritées sous de sbosquets fleuris, monture et terrassement à rocailles en bronze doré, Louis XV.

42 — Brûle-parfums en ancienne porcelaine de Saxe fond vannerie avec branchages fleuris en relief et offrant sur chaque face des médaillons à personnages en camaïeu violet d'après Watteau, monté sur rocailles et terrassement en bronze doré avec petite jardinière sur le devant et groupes de marchand et marchande de poissons de chaque côté abrités par des arbrisseaux chargés de fleurs.

43 — Beau service de table en ancienne porcelaine de Chine de la famille verte, décor à paysages fleuris, animés d'oiseaux, bords fond vert à semis de fleurs et entrecoupés de médaillons. Il se compose de : soixante-six assiettes, quatre grands plats, deux autres moins grands et six moyens forme octogonale, deux très grands plats ronds, deux autres moins grands, trois moyens, trois plus petits, douze compotiers ou assiettes à dessert, quatre plats oblongs, deux autres même forme moins grands, deux légumiers avec couvercles et deux aiguières forme casques.

44 — Vase à quatre faces en ancienne porcelaine de Chine, famille des céladons, fond bleu turquoise, truité fin.

45 — Grand et beau cartel en bronze doré, modèle à rocailles, fond grillagé, orné de chutes de fleurs, couronné par un groupe de personnages faisant de la musique. Le cadran est signé : W. BLAKEY *à Paris*. Époque Louis XV.

46 — Deux éléphants en ancien émail cloisonné de Chine fond bleu turquoise, dessin en couleur et harnachement, enrichis de cabochons émeraudes. *Pièces rares*.

47 — Lustre en bronze de style gothique à dix-huit lumières disposées en trois étages, branchages ajourés.

www.ingramcontent.com/pod-product-compliance
Ingram Content Group UK Ltd.
Pitfield, Milton Keynes, MK11 3LW, UK
UKHW021930190726
13853UKWH00002B/958